FSC
www.fsc.org

MIX

Papier aus ver-
antwortungsvollen
Quellen
Paper from
responsible sources

FSC® C105338

Grafiken: Marsha L.L. Wiederkehr
Layout: Miro Beck
Lektorat: wort-wert
© www.lebensthemen.ch

Herstellung und Verlag:
BoD – Books on Demand, Norderstedt
ISBN 978-3-7322-9125-0

Zur Gleichstellung der Geschlechter und Vereinfachung der Sprache werden weibliche
und männliche Form alternierend verwendet.

Marsha L.L.Wiederkehr beschreibt in ihrem Nachschlagewerk auf klare und erfrischende Art und Weise die Gesetze der energetischen Welt. Mit Beispielen aus dem Alltag erklärt sie die Zusammenhänge unserer feinstofflichen Umgebung und wie ein höheres Bewusstsein dazu beiträgt, unser eigenes Leben, das unserer Mitmenschen und unser Zusammenleben zu verbessern sowie unserer Umwelt und der Natur Sorge zu tragen.

Ein Nachschlagewerk, wie man es selten gesehen hat, das, wenn man sich darauf einlässt, nicht nur den eigenen Horizont erweitert, sondern eine Einladung an die Menschen ist, sich mit dem grossen Ganzen auseinanderzusetzen. Für ein höheres Bewusstsein. Für eine bessere und gesündere Welt.

Inhalt

1. Vorwort

An einem gemütlichen Abend, an dem ich mit einem Freund über allerlei Themen philosophierte, fragte er mich plötzlich, ob ich in seiner Firma einen Vortrag über Bewusstseinserweiterung und Selbstverantwortung halten würde. Da diese Themen für mich Voraussetzungen für eine Verbesserung der Natur und des Zusammenlebens sind, habe ich selbstverständlich und ohne zu zögern zugesagt. Die Aussicht, vor einem 40-köpfigen Publikum einen Vortrag halten zu dürfen, löste in mir komischerweise nur Freude aus und keinerlei Ängste. Das muss daher kommen, dass mir diese Themengebiete sehr bekannt sind und ich mich seit meiner Kindheit mit ihnen befasse. Was damals oft schwer fassbar war, ist mir heute vertraut.

Diese Anfrage meines Freundes war der Auslöser für mich, ein Nachschlagewerk mit den wichtigsten Grundlagen der energetischen Welt und meinen Erfahrungen damit zu schreiben. Mit der Veröffentlichung meines Buches möchte ich möglichst vielen Menschen den Weg ebnen, um ein erfülltes und glückliches Leben führen zu können.

Es ist mir wichtig zu erwähnen, dass hier weder eine Wissenschaftlerin noch eine Professorin oder Physikerin schreibt. Ich schreibe aus der Sicht und dem Empfinden eines Menschen, der bis zu einer gewissen Zeit unbewusst und heute bewusst nach den Gesetzen der Energie lebt. Was mich zur Schöpferin meines eigenen Lebens gemacht hat! Und auch dich, wenn du dich auf diesen Weg begibst.

Durch die «Schule der Geistheilung nach Horst Krohne» erhielt ich eine Vorstellung von der Struktur der energetischen Welt. Und ich habe bemerkt, dass diese feinstoffliche Welt gar nicht so schwer verständlich ist und auch ihre Logik hat. Voraussetzung für dieses Verstehen ist die Bereitschaft, das eigene Bewusstsein erweitern zu wollen und somit den Gedanken den Freiraum zu lassen, gedeihen zu können. Mit der Einstellung, dass es eine solche energetische oder feinstoffliche Welt nicht gibt, dass nur der Gedanke daran Blödsinn ist, kannst du keine Bewusstseinserweiterung erlangen. Daher sind alle an dieser Welt Interessierten und solche, die es werden wollen, herzlich zum Lesen und der Auseinandersetzung damit eingeladen.

2. Einführung

Was ist Bewusstseinserweiterung? Alles, was man lernt, führt zu Bewusstseinserweiterung. Dazu ein einfaches Beispiel: Ein 2-jähriges Kind hat noch kein Bewusstsein dafür, dass 3+7=10 ist. Als Schüler gelangt er nach einem Lernprozess zu diesem Bewusstsein. Oder er hat kein Bewusstsein dafür, dass man sich an einer heissen Herdplatte verbrennen kann. Durch Erklären oder Erfahren wird es ihm bewusst.

Mit diesem Nachschlagewerk möchte ich dich beim Prozess der Bewusstseinserweiterung im Zusammenhang mit der Natur und dem Zusammenleben unterstützen. Denn ein hohes Bewusstsein in diesen beiden Bereichen vereinfacht dir das Leben um ein Vielfaches (s. Kap. 3)! Es verhilft dir dazu, schwierige Situationen zu verstehen und kommende einfacher einzuschätzen oder auch vorauszusehen! Nicht zu vergessen, dass du lernen wirst, deine Vergangenheit zu schätzen – falls du dies noch nicht tust?

Ein bewusst lebender und zufriedener Mensch übernimmt automatisch Verantwortung und trägt so zu einer Verbesserung der Umwelt bei!

«Du sollst dir deiner Taten bewusst sein, dazu benötigt es Bewusstsein!» M.L.L.W. 2013

Alle Informationen und Anwendungstipps sind nur für gute Absichten vorgesehen und zu verwenden.

Als Einstieg zeigt dir das folgende Schema auf, auf welche Themen dieses Nachschlagewerk tiefer eingeht.

Themenübersicht

Das Schema zeigt, wie oben beschrieben, auf, dass wir zur Erfüllung unserer Lebensaufgaben den Bereich am wenigsten kennen, der uns am meisten umgibt. *Das Verhältnis ist frei erfunden, es könnte auch 30/70, oder 1/99 sein, die feinstoffliche Welt nimmt auf jeden Fall bedeutend mehr Anteil ein, als uns bewusst ist.*
Unzufriedenheit ist das Symptom von Blockaden und Blockaden sind dazu da, sie zu lösen. Die rot markierten Bereiche werden in diesem Nachschlagewerk behandelt, ebenso der Mensch und seine Werkzeuge.

| Unzufriedenheit | Werkzeuge | Glückseligkeit |

Materielle Welt 10% → Spirituelle, energetische Welt 90% (Universum)

Wenn wir, als Vergleich, in der Geschäftswelt nur ein bis zwei Werkzeuge weniger zur Verfügung haben, um eine Bestellung zu bearbeiten, wie effektiv und effizient kann die Aufgabe erfüllt werden?
Daher bin ich der Meinung, dass unser Schulsystem und wir alle den heute vermittelten Lernstoff überdenken sollten. *Dass es für eine Bewusstseinsänderung nicht viel braucht, wird mit den folgenden Kapiteln bewusst.*

| Aufgabe Bestellung | Werkzeuge | Aufgabe erledigt |

Telefon, Computer, Software, Tisch, Stuhl, Internet

3. Die Vorteile des Verstehens der Naturgesetze

Warum verhilft dir dieses Wissen zu einem einfacheren Leben und warum konzentriere ich mich auf die beiden Themen Natur und Zusammenleben?
Die grössten Probleme auf der Welt sehe ich in diesen beiden Bereichen. Wenn man diesen mehr Aufmerksamkeit bzw. Bewusstsein schenkt, sind all die folgenden mitbetroffen:

Zusammenleben
- Partnerschaft
- Freundschaft
- Familie
- Teamarbeit (Arbeit, Sport etc.)
- Mensch und Tier
- Mensch und Natur

Natur
- Aussterben der Tiere
- Aussterben der Pflanzen
- Klimawandel
- Verschmutzung der Gewässer
- Verschmutzung der Luft
- Verdrängung der Naturvölker

Konzentrieren wir unser Bewusstsein auf die Natur und auf das Zusammenleben, werden wiederum weitere Situationen und Zustände im Leben positiv beeinflusst, wie beispielsweise viele Krankheiten, die abnehmen werden, wie z.B. Burn-out.

4. Die uns umgebende Welt

Die einen sehen sich von einer Welt mit Krieg, andere von einer Welt der Ungerechtigkeit und manche von einer schönen Welt umgeben. Alles ist richtig, doch worauf ich hinaus will, ist, dass wir von einer Welt umgeben sind, die ich intuitiv zu 10% materiell und zu 90% spirituell einschätze, d.h. feinstofflich bzw. energetisch. Wir lernen aber in der Schule kaum etwas von dem, was uns zu 90% umgibt. Wie sollen wir uns daher in einer Welt zurechtfinden, wenn wir nicht wissen, wie die 90% funktionieren?

Wir können keine Arbeit effizient und qualitativ gut ausführen, wenn wir nicht wissen, wie ein Grossteil der Werkzeuge zur Ausführung der Arbeit funktioniert. Angenommen, wir kennen den Arbeitsprozess einer Aufgabe nicht oder uns ist ein Kundensystem fremd – da wundert es niemanden, wenn das Resultat nicht zufriedenstellend ist! Und so überrascht es mich nicht, dass die Welt im Moment noch ist, wie sie ist, denn unsere Kenntnisse der Werkzeuge, die uns die Natur zur Verfügung stellt, können weitaus mehr ausgeschöpft werden. Die wichtigsten Werkzeuge und Gesetze der Natur werde ich in diesem Nachschlagewerk aufzeigen.

Wenn du das oben Beschriebene nicht schon wusstest, hast du gerade eben eine Bewusstseinserweiterung erlangt.

5. Die zwei Ebenen der Bewusstseinserweiterung

Bewusstsein findet auf zwei Ebenen statt, auf rationaler sowie auf irrationaler Ebene oder anders ausgedrückt, auf Verstandesebene und emotionaler Ebene. In einigen wenigen Situationen reicht es, wenn wir etwas nur auf der Verstandesebene erlernt haben, wie z.B. blosse Zahlen in Form von Rechenaufgaben. Sobald wir dieser Zahl ein Attribut hinzufügen wie beispielsweise $, Sex, Auto, Rose usw. schaltet sich die emotionale Ebene ein. Dies als Einstieg, um die zwei Bewusstseinsebenen gerade selbst gespürt zu haben.

Oft können wir mehr Empathie für etwas aufbringen, wenn wir uns an Beispielen des Alltags bedienen. Daher möchte ich mit nachfolgender Schilderung aufzeigen, wie wichtig es ist, dass bei Prozessen beide Bewusstseinsebenen involviert sein müssen, um ein vollständiges und nachhaltiges Bewusstsein zu erlangen.

Aus dem Alltag:
Eine ehemalige Partnerin verhielt sich mir gegenüber immer wieder illoyal. So oft sie das war, so oft haben wir diskutiert und ich mich erklärt, warum und weshalb ihr Verhalten nicht loyal und fair sei. Sie konnte es immer

verstehen und entschuldigte sich jeweils. Aber statt der vielen Entschuldigungen hätte ich mir gewünscht, dass sie ihr Verhalten ändert. Da dies nicht eintrat und auch andere Dinge nicht mehr waren, wie ich sie mir für eine funktionierende Beziehung wünschte, trennte ich mich von ihr. Auch wollte ich keine Freundschaft, denn wo keine Loyalität ist, ist nun mal keine und da spielt es keine Rolle, um welche Beziehungsform es sich handelt.

Es stellt sich die Frage, wieso sie mich weiterhin verletzt hat, obwohl sie mich verstanden hatte?

Weil zu diesem Zeitpunkt nur die Verstandesebene dieses Bewusstsein erfasst hatte.

In den Jahren ihrer Abwesenheit wurde Loyalität zu ihrem Thema, weil sie es in negativer Form selbst erfahren musste. Seither konnte sie mich nicht nur verstehen, sondern gleichzeitig nachempfinden, das heisst, die emotionale Bewusstseinsebene hat es ebenfalls erfasst. Da wir in diesem Bereich heute den gleichen Anspruch an Loyalität leben, haben wir eine wunderschöne Freundschaft.

Diese Erfahrung zeigt auch, dass man Menschen nicht ändern kann, solange sie nicht selbst bereit sind, sich mit den eigenen Themen auseinanderzusetzen.

Daher musst du dich fragen, was das Beste für dich ist, ob du dich besser trennst oder für dich selbst einen Weg findest, um mit den Verletzungen umgehen zu können. Was ich persönlich sehr schwierig finde, denn wenn du dich verletzt fühlst, ist das eine empfindsame Tatsache! Ziel müsste in diesem Falle sein, dass du dich gar nicht erst gekränkt fühlst! Erst dann ist das Reagieren rein. Mit rein meine ich, wenn keine unguten Gefühle mehr ausgelöst werden können, wenn kein Resonanzfeld mehr besteht (s. Kap. 8).

6. Die Verankerung des Bewusstseins

Wir wissen nun, dass bei Prozessen sowohl die rationale als auch die emotionale Ebene mitspielen müssen. Und wie bei allem, was wir lernen und nicht vergessen möchten, benötigt es dafür Konzentration und Aufmerksamkeit. Am besten bleibt uns, was wir praktisch anwenden oder selbst erfahren dürfen. Damit du die Praxis erfahren und erkennen kannst, ist es von Vorteil, die drei nachfolgenden Themen intensiv durchzulesen:

- Das morphische oder auch morphogenetische Feld

- Das Gesetz der Resonanz
- Intuition und Verstand und ihr Zusammenspiel

Damit meine ich, dass du versuchst, dir das Gelesene auch wirklich vorzustellen. Vielleicht braucht es für einige Überwindung, diese Informationen zu glauben oder sich vorzustellen – dazu sage ich: «Lass deinen Gedanken die Freiheit, sich zu entwickeln, es sind ‹nur› Gedanken!»

7. Das morphische Feld

Im morphischen Feld, auch energetisches Feld, Universum, Jenseits, Luft, Gott usw. genannt, sind sämtliche Informationen und Ereignisse enthalten, welche die Welt je erfahren hat. Und um noch weiter zu gehen, auch jene, die aus unserer Sicht (Dimension) noch nicht einmal eingetreten sind. Aus dem morphischen Feld bedienen sich alle Lebewesen, Tiere, Pflanzen und Menschen, um das bestmögliche Leben führen zu können. Doch die Mehrheit der zivilisierten Menschen hat es verlernt, die Wegweiser dieses Feldes wahrzunehmen, denn wir sind desensibilisiert gegenüber den lebensverbessernden Informationen aus der Natur, weil wir nach Luxus und Anerkennung streben und somit durch Stress abgelenkt sind. Auch Ängste wie Existenz- oder Verlustängste o.a. hindern uns daran, die für uns so wichtigen Informationen wahrzunehmen. Nicht zu vergessen ist ebenso unser fehlendes Bewusstsein, was die energetische Welt uns alles bietet. Wir sind zu stark auf die Sinne wie Hören, Sehen und Berühren konzentriert und dem, was wir fühlen, vertrauen wir meist nicht!

Aus dem morphischen Feld:
- Eine Dokumentation zeigt, wie mutterlose Steppenwolfssäuglinge vor einem Wolfsmännchen der gleichen Gattung unter einem Baum Schutz suchten. Doch er hat sie aufgespürt und gefressen. Obwohl dieser Wolf der gleichen Rasse angehörte, sind sie instinktiv vor ihm geflüchtet.
- Die Tiere sind auf die Hügel geflüchtet, bevor der Tsunami gesehen werden konnte.
- Jeder Baum richtet sich in die bestmögliche Position, um genügend Sonne oder Schatten zu haben.
- Gewisse Pflanzen schliessen ihre Blüten, bevor Regen einsetzt.

- Du hast sicherlich schon an eine Person gedacht und später kam ein Anruf von ihr oder du hast sie gesehen.
- Obwohl du hinten keine Augen hast, hast du vermutlich schon mal Blicke im Rücken gespürt.
- Du hattest wohl schon Vorahnungen, wie ein Abend verlaufen wird.
- Du hast bewusst einen Parkplatz bestellt und es war einer frei.
- Viele Menschen sind während der Vollmondzeit verändert.
- Ein zu Hause zurückgelassener Hund spürt den Moment, in dem sich sein Herrchen entscheidet, nach Hause zu kommen, dabei muss der Hundebesitzer nicht mal an den Hund denken.
- Alle Tiere in Fisch- oder Vogelschwärmen wechseln gleichzeitig die Richtung.

8. Das Gesetz der Resonanz

Beim Gesetz der Resonanz geht es um Energie, die von und um uns schwingt, indem wir ständig, vor allem unbewusst, Informationen senden und empfangen.

Dazu die Frage: Wie wird ein Fernseher mit der Fernbedienung eingeschaltet?

Es gibt einen Sender (Fernbedienung) und einen Empfänger (Fernseher), die auf einer bestimmten Energiefrequenz eine Verbindung eingehen.

Zu merken ist: Ein Sender braucht einen Empfänger, um eine Verbindung eingehen zu können.

Menschen z.B., über die du dich ohne wirklichen Grund ärgerst, solltest du dir genauer ansehen, denn sie widerspiegeln in dir etwas, was mit dir zu tun hat. Offenbar sendet jemand Energien aus, die bei dir andocken können. Und warum ist das möglich? Weil du empfänglich und somit ein Empfänger bist. In dir wird etwas angeregt, was dein Bewusstsein wahrscheinlich noch nicht erreicht und verarbeitet hat (siehe dazu das interessante Buch von Rüdiger Dahlke «Das Schattenprinzip»). Doch es heisst nicht immer, dass das, was mich bei jemandem stört, auch mein Thema ist, vielmehr stehen solche Menschen dafür, irgendeinen Konflikt in dir selbst zu lösen.

Aus dem Alltag:

Es gab eine Zeitspanne, in der ich ständig Menschen mit dem Opferrollensyndrom begegnete. Gemeint sind damit Menschen, die schlecht kritikfähig sind, den Beginn eines Streits erst dort sehen, wo sie verletzt wurden, keine Verantwortung für ihr Tun übernehmen und schlussendlich die Verletzten (Opfer/Armen) sind.

Damals hatte ich nur nebenbei vom Schattenprinzip gehört und mich hinterfragt: Lebe ich selbst diese Opferrolle? Höre ich eher, wie meine innere Stimme spricht: Bin ich doch die Böse, war ich doch zu hart, muss ich noch toleranter werden? Dies würde aber viel mehr das Täterrollensyndrom beschreiben. Erst vor geraumer Zeit habe ich das Bewusstsein erlangt, dass ich das Täterrollensyndrom lebte, und diese Menschen dafür da gewesen sind, damit ich an diesem Thema arbeite und lerne, mich von Problemen anderer abzugrenzen. Heute erscheint es mir so klar, denn für diese Menschen sind Personen, die die Täterrollen leben, das ideale Gegenüber, um ihr Syndrom ausleben zu können.

Damals war mir das nicht bewusst und ich konnte mich noch nicht abgrenzen. Heute weiss ich auch, woher das Täterrollensyndrom stammt und dieses Wissen war unterstützend zur Verarbeitung dieses Themas. Das heisst, man konnte mir früher die Rolle des Täters gut zuschieben, ich habe die Rolle angenommen, weil sie mir vertraut war, durch die Energien, die ich von meinen leiblichen Eltern übernommen habe. Eine Mutter, die sich neun Monate damit beschäftigt, ihr Kind weggeben zu müssen, fühlt sich mehr als Täterin denn als Opfer. Diese Schwingungen nimmt ein Baby im Bauch mit. Durch diese Erkenntnis konnte ich das Syndrom des Täters ablegen.

9. Intuition und Verstand

Was ist Intuition? Intuition ist die energetische Wahrnehmung von Informationen aus dem morphischen Feld, wie z.B. Bauchgefühle, Bilder, Stimmen etc.

Was ist Verstand? Der Verstand ist das Gehirn. Dort werden alle Informationen, die über die Sinne wahrgenommen werden, auf wichtig-unwichtig, gut-böse, Verlust-Gewinn, bedrohlich-gefahrlos, anziehend-abstossend, sympathisch-unsympathisch etc. verarbeitet und danach entsprechend abgelegt oder verarbeitet. Das ist wie beim Computer das EVA-Prinzip: Eingabe (von Daten) – Verarbeitung (von Daten) – Ausgabe (von Daten oder Waren).

9.1 Das Zusammenspiel von Intuition und Verstand

Die Intuition ist eine Eingebung (Information: Idee/Rat), wobei der Verstand lediglich dazu da ist, diese Eingebung umzusetzen! Auch in der Umsetzungsphase wird der Verstand immer wieder durch die Intuition unterstützt. Leider nehmen wir unsere Intuitionen oft nicht ernst - ist dies der Fall, ist jedes Mal einmal zu viel. Gründe für diese Ablehnung können sein: Mangelndes Vertrauen sich und der eigenen Intuition gegenüber, verankerte Glaubenssätze (s. Kap. 11), Selbstzweifel, Existenz- und andere Ängste, Gier, Streben nach Luxus und Anerkennung u.a.

All diese aufgezählten Haltungen erschweren es dir, deine Ziele im Leben zu erreichen.

Nimmst du die Intuition wahr und folgst ihr, wirst du sehen, wie sie dich immer zu deinem Besten durchs Leben führt.

Warum hat die Intuition immer Recht? Die Kraft des Herzens hat die stärkere Frequenz als das Gehirn. Das ist physiologisch schon allein durch den Herzschlag zu erkennen. Die Informationen, die daher das Herz (Intuition), für mich über den Bauchnabel, erhält, beinhalten das Wissen des Verstandes und vieles mehr!

9.2 Schema Intuition und Verstand

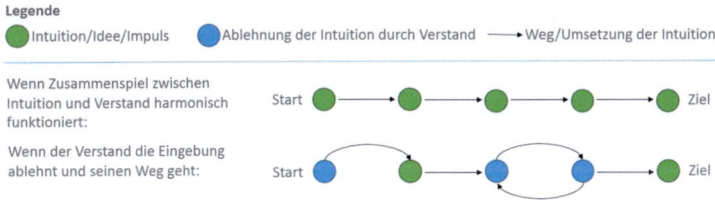

Legende

🟢 Intuition/Idee/Impuls 🔵 Ablehnung der Intuition durch Verstand ——→ Weg/Umsetzung der Intuition

Wenn Zusammenspiel zwischen Intuition und Verstand harmonisch funktioniert:

Start 🟢——→🟢——→🟢——→🟢——→🟢 Ziel

Wenn der Verstand die Eingebung ablehnt und seinen Weg geht:

Start 🔵——🟢——→🔵——🔵——→🟢 Ziel

Mit diesem Wissen über Intuition und Verstand können wir uns dem nächsten Kapitel zuwenden.

10. Die Lenkung des Lebens ins Positive

Ein wichtiges Gesetz der energetischen Welt lautet: Gedanken haben das Bestreben, sich zu verwirklichen. Alles im Leben hat einen Sinn. Was ist also der Sinn eines Gedankens, wofür steht ein Gedanke?

Ein Gedanke möchte sich verwirklichen, dabei spielt es keine Rolle, ob du den Inhalt des Gedankens magst oder nicht. Es ist wie mit deinen Fingernägeln, sie wachsen, ob du das willst oder nicht.

Daher ist es so wichtig, dass man positiv denkt und die Wünsche positiv formuliert. Zum Beispiel solltest du dir nicht wünschen: «Ich möchte nicht krank sein», sondern «ich möchte gesund sein». Denn ein Gedanke nimmt nur das Wort «krank» wahr, zu «nicht» hingegen hat er keine Vorstellung, was das heissen soll. Kleine Anmerkung: «Ich will» wird auch nicht gerne gehört, aber wer hört das schon gerne.

In einer Dokumentation habe ich erfahren, dass Babys das Wort «nicht» auch nicht korrekt verarbeiten. So stieg ein Baby immer wieder auf den Tisch, obwohl die Mutter dem Kind immer wieder mitteilte, es solle nicht auf den Tisch steigen, bis sie anfing zu sagen: «Bleib unten.»

Wenn du beginnst, positiv zu denken, das heisst, in jedem Ereignis die positive Seite siehst und schätzt, beginnt dies deine Einstellungen und Haltungen zu verändern, und nicht zuletzt deine DNA.

Dass positives Denken funktioniert und Erfolge zeigt, darf ich tagtäglich erfahren. Doch ich bin ein Mensch, der auch gerne versteht, wie etwas funktioniert. So erhielt ich aus dem morphischen Feld folgende Eingebung (s. Kap. 11):

«Wenn du die drei Themen über das morphische Feld, das Gesetz der Resonanz und die Intuition nicht gelesen hast, kann es sein, dass du sie nicht verstehst.»

11. Die Verwirklichung von Gedanken

Gedanken sind Energien; Energie fliesst in unserem Körper. Die Gedanken verankern sich in den Zellen, das Unterbewusstsein lebt in den Zellen, Zellen sind intelligent und naiv zugleich (naiv in dem Sinne, dass sie lediglich versuchen umzusetzen, was du dir in deinen Vorstellungen ausmalst) und steuern somit dein Verhalten. Das Unterbewusstsein (Zellen) sendet ständig Informationen aus, diese werden von Menschen mit gleicher Frequenz empfangen und das Gesetz der Resonanz tritt ein. Wo ein Sender auf einen Empfänger trifft, entsteht ein Resonanzfeld/Schwingungsfeld. Verbindungen zu anderen gleich-frequentierten Menschen entstehen, die schon dort sind, wo du dir in Gedanken zu sein wünschst oder die dich unterstützen können, um dich dort hinzubringen.

Warum gibt es manchmal aber Situationen, in denen sich Gedanken nicht verwirklichen?

Wie vorher erwähnt, sitzt das Unterbewusstsein in den Zellen. Wenn nun im Unterbewusstsein starke Glaubenssätze programmiert sind, hat die Zelle einen Informationskonflikt und sendet einmal deine neuen positiven Gedanken, das andere Mal wieder deine verankerten negativen Glaubenssätze. Es kann auch sein, dass dein neuer Gedankensatz gar nicht erst in die Zellen gelangt. Daher kann das positive Denken nicht immer funktionieren. Sollte letzteres der Fall sein – das findet man heraus, wenn das positive Denken keine oder kaum Wirkung zeigt – liegt eine Blockade vor, die zuerst aufgelöst werden muss.

12. Glaubenssätze als Bremsen des Lebens

Glaubenssätze bestimmen dein Handeln und folglich dein Leben. Sie nisten sich sozusagen in dir ein und bleiben haften, bis du sie bewusst auflöst oder du immer wieder abweichende Erfahrungen machst, die schliesslich zu ihrer Auflösung führen.

Glaubenssätze bilden sich über zwei Kanäle, entweder emotional durch Erfahrung oder rational durch Einflössung.

Auch wenn Glaubenssätze im Moment sehr negativ dargestellt werden, haben auch sie ihre Aufgabe und ihren Sinn. Sie sind grundsätzlich da, um dich zu schützen, zumindest jene, die sich auf emotionaler Ebene gebildet haben. Denn wenn du Verletzung oder Schmerz erleiden musstest, wird das in den Zellen gespeichert und schaltet ein Programm ein mit einem Glaubenssatz, der dich künftig vor solchen Schmerzen schützen soll.

12.1 Entstehung Glaubenssatz emotional

Du machst die Erfahrung, dass man dich hintergangen hat. Du bildest den Glaubenssatz «Menschen hintergehen». Diesen Glaubenssatz hast du gebildet, damit er dich schützt! Er lässt dich danach handeln, dass du Menschen nicht mehr so nahe an dich heran lässt. Aber du ziehst dadurch erneut solche Menschen an, denn die Information, die in den Zellen gespeichert ist, lautet: «Menschen hintergehen!» Folglich ziehst du Menschen an, die Hintergehen ebenso als Thema haben wie du, die es anwenden oder auch Menschen, die diesen Konflikt hatten und lösen konnten.

Dies zu erkennen und einen anderen Weg zu finden, sich zu schützen, wie beispielsweise auf die Intuition zu hören, wenn man auf Menschen trifft oder sich abgrenzen zu können, hilft, Glaubenssätze zu lösen und ins Positive zu transformieren. Mit «an einem Glaubenssatz arbeiten» ist gemeint, dass man sich diesen immer wieder ins Bewusstsein holt, woher er stammt. Traurig, aber wahr, schützen kann man sich nicht vor dem Hintergangenwerden, aber ein hohes Bewusstsein lässt dich Ereignisse kommen sehen bzw. spüren.

12.2 Entstehung Glaubenssatz rational

Rationale Glaubenssätze werden dir verbal vor allem in jungen Jahren von deinen Vorbildern (Eltern, Geschwister, Lehrer, Stars etc.) eingeflösst, aber auch heute durch das System, in dem wir leben sowie durch Religion, Medien und Werbung.

Das können Sätze sein wie: «Du bist zu dumm», «du musst stark sein», «du bist zu dick», «du musst immer fleissig arbeiten», «Rauchen ist tödlich», «in der Familie gibt es Krebs, ich sterbe auch an Krebs».

Meiner Ansicht nach müsste diese Art von Glaubenssätzen einfacher aufgelöst werden können, da ihr Ursprung keine emotionale Basis hat und man höchstwahrscheinlich erst durch das Gesetz der Resonanz die Erfahrung machen muss.

12.3 Auflösung von Glaubenssätzen

Wenn du den Willen und die Kraft hast, sollte es mit der folgenden kurzen Beschreibung möglich sein, deine Glaubenssätze aufzudecken und diese nach Möglichkeit selbst zu lösen.

1. Schreibe dir auf, an was du glaubst und was du von dir denkst, das du nicht kannst?
2. Finde heraus, woher deine Glaubenssätze stammen und ob sie der Wahrheit entsprechen.
3. Verabschiede dich von deinen negativen Glaubenssätzen und formuliere sie neu positiv.

Nebst diesen Fragen zur persönlichen Auseinandersetzung mit deinen Glaubenssätzen findest du, falls du zusätzliche Hilfe benötigst und eine persönliche Beratung wünschst, weitere Informationen unter www. chakra-behandlung.ch.

Beispiel

Dir wurde der Glaubenssatz eingeflösst, dass du nichts kannst! Dann wirst du wohl ein Mensch sein, der sehr in Abhängigkeit lebt, weil dein biologisches System darauf programmiert ist, dass du nichts kannst und du daher viele Dinge jemand anderem zum Erledigen übergibst, du oft Unterstützung benötigst oder gehst, bevor es heikel wird. Du wirst wahrscheinlich Intuitionen, die neue Herausforderungen mit sich bringen, nicht wahrnehmen, und wenn, mit grösster Wahrscheinlichkeit abgelehnt haben.

Stimmt nun dieser Glaubenssatz, dass du nichts kannst?

Für mich Nein, denn ich vermute, du hast die Erfahrung nicht machen können, es auszuprobieren, da dich bis jetzt kleinste Hürden oder Widerstände wieder davon abgebracht haben, weiter daran zu arbeiten. Daher kannst du nicht wissen, ob du fähig bist, neue Herausforderungen anzunehmen. Nicht wissen sollte dich dazu bewegen, es herausfinden zu wollen. Formuliere den Glaubenssatz daher neu!

Beispiel

«Ich kann alles, was ich will, denn ich bestimme, was ich kann!» Konzentriere dich auf die Themen, in denen du Erfolg hattest und stärke dich mit diesen Erfahrungen. Und glaube mir, schon alleine dadurch, dass du das lesen kannst, bist du weit gekommen – es gibt Menschen, die haben keine Möglichkeit, lesen lernen zu dürfen. Ziel ist es, an keinen Glaubenssätzen mehr festzuhalten, es sei denn, sie sind positiv und stärkend!

Beispiel positiver Glaubenssatz:

Ich habe immer daran geglaubt, dass man auch an Kaderstellen kommt, ohne einen eidgenössischen Fachabschluss zu haben. Mit dieser Überzeugung ging ich zum Zeitpunkt meiner Abschlussprüfung über Wirtschaftsinformatik I auf eine zweimonatige Reise. Viel wichtiger erschien mir, alle Lektionen während des Jahres besucht zu haben. Zudem war ich mir sicher, durch die Prüfung zu fallen, hätte ich sie angetreten, weil ich zu wenig Engagement/Leidenschaft aufbringen konnte, dafür zu lernen!

In der Mehrheit der Köpfe ist mit Bestimmtheit der Glaubenssatz verankert: «Ich muss diesen Abschluss erreichen, um je eine Managerposition zu erhalten.»

Der Satz, der mich zusätzlich begleitet hat, war: Die Unternehmen, die nur auf diesen eidgenössischen Abschluss achten, sind nicht diejenigen Firmen oder Chefs, zu denen ich passe! Dieser Glaubenssatz hat den Vorteil, dass ich die Unternehmen automatisch aussondere, die nicht meiner Lebensphilosophie sowie Weltanschauung entsprechen.

Übrigens war meine letzte Funktion, nebst diversen Gruppenleitungen, die der Leiterin Informatik.

13. Das Erkennen von Beziehungsproblemen

Verletzung ist die Ursache aller Beziehungsprobleme!

Was sind die wirklichen Probleme in Beziehungen?

Es geht immer um einen selbst, denn es liegt ihnen immer eine Form von Verletzung zu Grunde, wie die nachfolgende Liste zeigt. Hast du diese Erkenntnis herausgefunden, können sich Probleme schmälern, indem du deine Anteile erkennst und unabhängig des Partners an deinen Themen arbeitest.

1. Du wirst betrogen = Verletzung des Vertrauens (und andere)
2. Du erhältst zu wenig Aufmerksamkeit = Verletzung des Selbstwertgefühls
3. Du musst ihm/ihr alles hinterher räumen = Verletzung des Respekts
4. Du bist immer am Bezahlen = Verletzung durch Ausgenütztfühlen
5. Beschimpfung und Misshandlung = Verletzung der Würde
6. Eifersucht = Verletzung des Freiraums
7. Du spionierst mir nach = Verletzung der Privat- und Intimsphäre
8. U.a.

Wenn das Gefühl der Verletzung letztendlich die Ursache des Problems ist, gilt es, für sich herauszufinden, ob diese Emotion berechtigt ist oder nicht.

Wer definiert, was berechtigt ist und was nicht?

Du setzt den Massstab, egal, was alle rundherum denken. Aber wenn deine Werte nicht mit denen deines Partners übereinstimmen und die Verletzungen nicht aufhören, musst du überlegen, ob du die Kränkungen weiterhin duldest?

Aus dem Alltag:

Meine Anschauung, was das Dulden betrifft, lautet in ungefähr so: Wenn mein Partner in mir über eine längere Zeitspanne hinweg, Monat für Monat, eine Woche Energien der Sorgen und Traurigkeit auslöst, dann empfinde ich das als Verschwendung meines Energiehaushalts und ich werde mich vermutlich trennen. Dies natürlich nur unter der Voraussetzung, vorher Gespräche geführt und mich selbst analysiert zu haben, ob ich evtl. überreagiere. Denn ich weiss, ohne Partner lebe ich mindestens 28 zufriedene Tage, weil mein Glücklichsein nicht von einer Beziehung abhängig ist.

Dies als Beispiel, wenn man kinderlos lebt!

Sind Kinder mit im Spiel, kann ich mir vorstellen, dass die Demutsgrenze höher liegt und man einige Verletzungen mehr in Kauf nimmt. Doch zu viel zu ertragen schlägt auf die Zufriedenheit und das spüren die Kinder. Sind sie nicht eigen genug (= seelisch stark/reife alte Seele), übernehmen sie die Energien der Unzufriedenheit von den Eltern oder sie leben in ständiger Sorge und Stress, dass sich die Eltern trennen könnten. Stress wiederum behindert das Zellwachstum. Daher wohl das Sprichwort: «Lieber ein Ende mit Schrecken als ein Schrecken ohne Ende!» Im übertragenen Sinn: Lieber den Kindern zuliebe eine Trennung, als dass sie über Jahre hinweg die Unstimmigkeiten der Eltern miterleben müssen.

Selbstverständlich gehe ich davon aus, dass man sich zuvor mit sich und dem Partner auseinandergesetzt hat und fähig ist, sich selbst zu reflektieren. Aber wenn Beziehungsprobleme zu einer «never ending story» werden, ist es mir wichtig darauf hinzuweisen, was energetisch vor sich geht.

Es soll etwas über den Energiehaushalt aufzeigen und da Energie die Grundlage für das Leben ist, sollte man dazu Sorge tragen und darauf achten, dass man zufrieden und glücklich ist.

14. Das Lösen von Beziehungsproblemen

Angst ist die Gefühlsgrundlage, um Probleme nicht anzugehen und zu lösen. In meinem Leben können Probleme nicht lange überleben, keine Lösung gibt es nicht! Es gibt nur gefesselte Gedanken, sprich man hat zu wenig Fantasie. Eingeschränkte Fantasie hängt damit zusammen, dass man sich auf das Falsche konzentriert.

Wenn man die Probleme näher betrachtet und sie mit den richtigen Fragen angeht, mache ich jeweils die Erfahrung, dass sie sich auflösen, sprich ich empfinde etwas nicht mehr als Problem. Sondern nur noch als eine vielleicht schwierige Herausforderung, das heisst Lebensaufgabe. Als leidenschaftliche Spielerin mag ich Herausforderungen.

Zur Verdeutlichung ein Beispiel: Wenn du immer von deinen Beziehungsproblemen sprichst, so konzentrierst du dich bewusst und unbewusst auf die IST-Situation. Wenn du aber davon sprichst, mit deinem Partner einen Weg zu finden, um das Ziel zu erreichen, wieder zusammen glücklich zu sein, so werden sich andere Gedanken bilden und neue Möglichkeiten aufzeigen.

Aus dem Alltag:

Ein Freund von mir hat mir einmal ziemlich deprimiert erzählt, dass sein Wunsch, 80% zu arbeiten, wegen seiner familiären finanziellen Lage ins Wasser fällt. Daraufhin hab ich ihn gefragt: Warum suchst du dir nicht einen Job, mit dem du so viel verdienst wie jetzt, aber nur 80% arbeitest? Das meine ich mit gefesselten Gedanken. Gedanken sind fähig, alles zu denken, man muss ihnen nur den Freiraum lassen.

Aus dem Alltag:

Das am längsten währende Problem hatte ich im Teenageralter, als ich es zugelassen hatte, dass meine beste Freundin mich wie ein Spielzeug benutzen konnte. An einem Tag war ich ihre beste Freundin, am nächsten wieder nicht, nur weil ich z.B. am Abend zuvor nicht mit ihr und ihrem Hund spazieren ging.

Dieses Gefühl konnte ich damals noch nicht benennen, aber es fühlte sich so schlimm an, dass ich am liebsten tot sein wollte und ein kleines Küchenmesser mit ins Bett nahm. Ich hatte gehofft, dass mir die Nacht den Tod bringt und ich befreit von allen Sorgen und seelischem Schmerz bin. Was zum Glück nicht geschah!

Warum war ich damals noch nicht fähig, Probleme zu lösen?

Im Teenageralter offen über verletzte Gefühle zu reden, war zumindest zu dieser Zeit und in unserem Kreis nicht «in», man war cool und hatte alles im Griff.

Nun, warum sind Ängste die Grundlage aller länger anhaltenden Probleme?

1. Angst vor der Kommunikation
2. Angst, nicht verstanden zu werden
3. Angst, sich danach noch schlechter zu fühlen
4. Angst, nicht ernst genommen zu werden
5. Angst vor Rache, z.B. wenn ich meiner Teenagerfreundin gesagt hätte, dass ich sie nicht mehr will, dass sie mich fertig macht (war sie doch der Klassenchef, zwar nicht auf Papier, aber emotional sind ihr viele gefolgt)
6. Angst, alleine da zu stehen
7. Angst, finanzielle Einbussen zu erleiden
8. Angst, das Gegenüber könnte sich was antun
9. U.a.

Es steckt immer eine Angst dahinter, wenn man ein Problem nicht angeht. Aussagen wie «ich mache etwas für meine/n Frau/Mann oder Kinder» fühlen sich für mich nicht immer nach der Wahrheit an.

Schlussendlich löste sich mein Problem, weil meine Familie aus diesem Quartier wegzog und wir von da an unterschiedliche Schulen besuchten. Danach fühlte ich Erleichterung pur. Meine Leidenszeit hielt also länger als nötig an, weil ich aus Ängsten nicht gehandelt hatte.

Ich bin für diese Erfahrung in diesen frühen Jahren meines Lebens sehr dankbar, denn sie hat mich dazu gebracht, von da an alle Probleme schnellstmöglich zu lösen. Zusätzlich habe ich ein noch besseres Gespür für Menschen gewonnen. Die Würde steht heute vor der Angst!

15. Erste Hilfe bei länger anhaltenden Beziehungskrisen

1. Löse dich einen Augenblick von dem, was DU willst.
2. Höre zu, was dein Partner braucht.
3. Respektiere, was dein Partner braucht.
4. Überlege, ob du das bieten kannst oder willst?
4.1. Wenn du es bieten kannst oder willst, dann tu es mit der Kraft der Liebe!

4.2. Sei offen und sprich an, wenn du etwas nicht erfüllen kannst, um gemeinsam eine neue Beziehungsform zu finden.

16. Bestimmung der Bewusstseinsebenen

Wenn du fähig bist, dich selbst zu reflektieren, zeigen dir die folgenden 3 Selbsteinstufungstests, wie nah oder weit entfernt du der höchsten Weisheit in diesen Bereichen bist. Hast du Mühe, dich selbst wahrzunehmen, geben die Tests dir einen Anstoss und Unterstützung, herauszufinden, wo du stehst.

Ich bin der Meinung, dass damit das Zusammenleben am Arbeitsplatz sowie privat mit den Nachbarn und in Beziehungen aller Art erst besser werden kann, wenn wir uns in den oberen sprich bewussteren Bereichen der Tests befinden.

Wenn ich spüre oder erlebe, dass Menschen sich, vor allem beim Kritiktest, im unteren Bereich (D bis G) befinden, erklingt bei mir ein inneres Warnsignal. Denn meine Erfahrungen haben mich gelehrt, dass es mit Menschen auf diesen Stufen schwierig ist, Konflikte anzugehen und zu lösen, da sie sich keiner Schuld bewusst sind. Daher versuche ich, Menschen mit solchen Verhaltensmustern in meinem engeren Umfeld zu vermeiden.

16.1 Selbsteinstufungstest A: Bewusste Kommunikation

Einstufungstest: Kommunikation Empathie- und Sende-Ebenen	Ich
A	Ich bin mir bewusst, was ich aussende und kann mich in den Empfänger einfühlen	
B	Ich bin mir bewusst, was ich aussende und kann mich nicht oder kaum in den Empfänger einfühlen	
C	Ich bin mir nicht bewusst, was ich aussende, aber kann mich in den Empfänger einfühlen	
D	Ich bin mir nicht oder kaum bewusst, was ich aussende und kann mich nicht in den Empfänger einfühlen	

16.2 Selbsteinstufungstest B: Umgang mit Intuition

	Einstufungstest: Umgang mit Intuition Inneres Bewusstsein	Ich
A	Ich nehme meine Intuitionen wahr, lasse sie gedeihen und setze sie mit dem Verstand um	
B	Ich nehme meine Intuitionen wahr, lasse sie gedeihen und lasse das Leben weiter laufen	
C	Ich nehme meine Intuition wahr und unterdrücke sie mit dem Verstand	
D	Ich kann nicht zwischen Intuition und Verstand unterscheiden	
E	Ich frage mich, was Intuition ist	

16.3 Selbsteinstufungstest C: Umgang mit Kritik

	Einstufungstest: Umgang mit Kritik Empfängerverhaltensebene	Ich
A1	Ich nehme Kritik an, sehe sie ein und bedanke mich für den Hinweis	
A2	Ich nehme Kritik nicht an, weil ich mein Vis-à-vis durch meine Argumentation überzeugen kann, dass sie nicht gerechtfertigt ist	
B	Ich nehme Kritik an und sehe sie ein	
C	Ich nehme Kritik an, sehe sie ein und erkläre mich	
D	Ich nehme Kritik an, rede mich aber heraus	
E	Ich nehme Kritik an, aber ich gebe meinem Vis-à-vis die Schuld	
F	Ich nehme Kritik nicht an und bin wütend	
G	Ich nehme Kritik nicht an und bin verletzt	

17. Die drei Konzentrationsformen zur Lebensverbesserung

- Nimm die Haltung des positiven Denkens ein. Du alleine entscheidest, ob das Glas halb voll oder halb leer ist!
- Überprüfe dich bei jeder Handlung, Aussage und bei jedem Gedanken, ob sie rein* sind.
- Versuche, allem mit Liebe zu begegnen, dir selbst, der Natur und deinem Umfeld.

*rein = ehrlich; handeln und kommunizieren mit Liebe. Das heisst nicht primär egoistisch, frei von inneren Zweifeln, mangelndem Selbstvertrauen oder übertriebener Anerkennung.

Denke positiv   Prüfe dich selbst   Handle

18. Das alles umfassende Symbol

Das Yin-Yang-Symbol wurde in den letzten Jahren zu meinem Lieblings-
symbol, da es für mich gewissermassen alles aussagt.

Ich frage mich gerade, wo der Begriff schwarz-weiss denken seinen
Ursprung hat und ob wir diesen heute nicht falsch interpretieren…? Denn
die Interpretation, wie wir sie verwenden, ist negativ. Spricht man diese
Denkhaltung jemandem zu, möchte man ausdrücken, dass diese Person keine Grauzonen kennt und sieht und es für sie nur ein «Entweder-oder» gibt.
Komischerweise ist aber in diesem Spruch kein «oder» zu finden, wieso also
dieses nicht vorhandene «oder» mit einem «und» ersetzen?
Meiner Ansicht nach hat ein Schwarz-Weiss-Denker die Fähigkeit, Empathie
für gegensätzliche Ansichten, Situationen, Gefühle etc. aufzubringen.

Beschreibung des Symbols, übertragen auf das Leben:
1. Jedes Ereignis, Vorhaben, jede Entscheidung etc. hat eine dunkle und
   helle Seite bzw. einen negativen und positiven Aspekt.
2. In jedem positiven Aspekt ist auch ein negativer und in jedem negativen
   Effekt ist eine positive Wirkung enthalten.
3. Die schweifende Linie, welche die schwarze und die weisse Fläche trennt,
   zeigt deutlich, wie schmal der Grat ist, auf der hellen oder dunklen Seite
   zu stehen.

Und egal, auf welcher Seite man sich befindet, politisch links-rechts, arm-
reich, krank-gesund etc., man findet für jede Seite Argumente, um für sie
einzustehen.
Wie würden sich Politik, Wirtschaft und das Zusammenleben verändern,
wenn wir uns jedes Mal gedanklich und emotional oder auch real in die Seite der Gegenpartei einfühlen und intensiv nach Argumenten für sie suchen
würden?
Wir würden mehr Verständnis und Toleranz aufbringen.

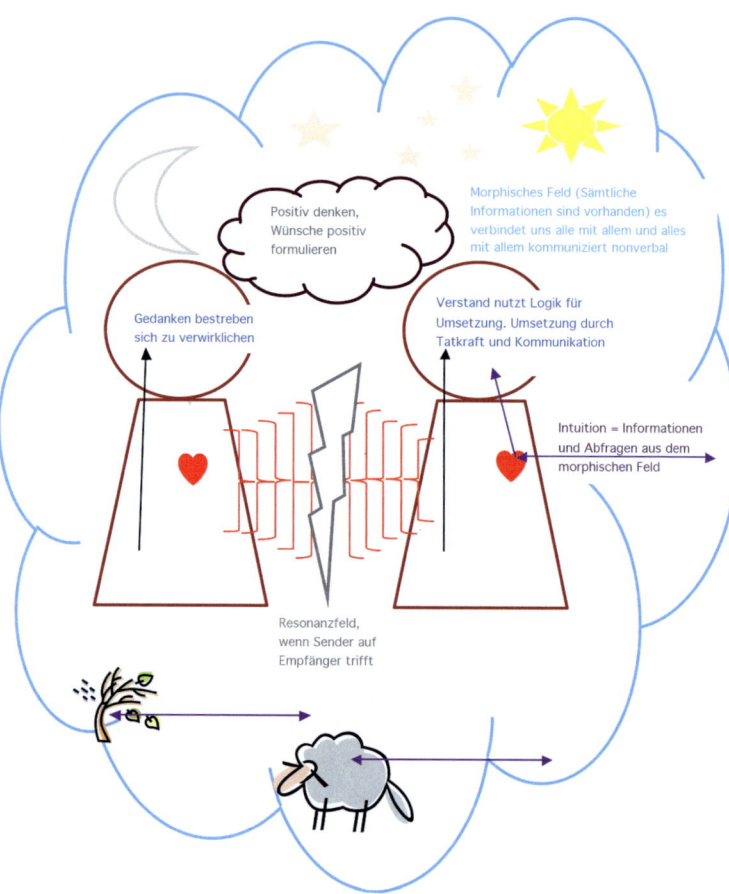

Positiv denken, Wünsche positiv formulieren

Morphisches Feld (Sämtliche Informationen sind vorhanden) es verbindet uns alle mit allem und alles mit allem kommuniziert nonverbal

Gedanken bestreben sich zu verwirklichen

Verstand nutzt Logik für Umsetzung. Umsetzung durch Tatkraft und Kommunikation

Intuition = Informationen und Abfragen aus dem morphischen Feld

Resonanzfeld, wenn Sender auf Empfänger trifft

20. Dank

- Dank an meine leibliche Mutter, dass sie wusste, dass es mir woanders besser gehen wird!
- Dank an meinen leiblichen Vater, wie auch immer ich entstanden bin, ohne ihn gäbe es mich nicht!
- Dank an meine Eltern, dass ihr mich adoptiert und mit viel Liebe, Vertrauen und in allem unterstützt habt! Dass ihr mir keine schwerwiegenden Glaubenssätze eingeflösst und mitgegeben habt.
- Dank an meinen Seelenzwilling, du hast mich gelehrt, mich selbst zu lieben, die schönen Dinge im Leben zu sehen und mir den Glauben zurückgegeben, dass es reine Menschen gibt.
- Dank an all meine Freunde, die immer an mich glauben und mich mit ihren wohltuenden Worten stärken!
- Dank an Tante V. und Onkel W., ihr habt mir immer andere Weltanschauungen aufgezeigt als die, denen die Mehrheit folgt und an sie glaubt.
- Dank an alle Seminar-, Kurs-, Weiterbildungsleiter und Teilnehmer des spirituellen Bereichs, ihr habt mein Bewusstsein innert Kürze um ein Vielfaches erweitert.
- Dank an den ersten Mysitca.tv Kongress, es war mein lehrreichstes Wochenende für das Leben, an dem der Samen für meine neue Zukunft gesät wurde.
- Dank an all jene Menschen, die mir mein Leben für eine Weile erschwert haben, aus diesen Situationen habe ich die grössten Lehren gezogen.
- Dank an alle, die sich für diese Themen interessieren und mein Nachschlagewerk lesen und weiter empfehlen!
- Danke Universum…

Zu wissen und zu spüren, was man braucht, wer man ist und vor allem wie man funktioniert, dazu könnt ihr mehr in meinem nächsten Nachschlagewerk Die Firma Ich AG lesen. Es beschreibt, wie eure Mitarbeiter Engelchen und Teufelchen funktionieren. Jeder Mensch ist somit Unternehmer, denn er hat diese beiden Spezies zu führen und sollte ihre Prozesse kennen und optimieren.